LE NOUVEAU

SYLLABAIRE,

MÉTHODE RATIONNELLE, PROMPTE ET FACILE POUR APPRENDRE A LIRE;

PAR J.-B. DESSIRIER.

PARIS,

CHEZ L'AUTEUR,

RUE D'AMBOISE, 7.

1843.

PARIS. — TYPOGRAPHIE DE FIRMIN DIDOT FRÈRES.

RUE JACOB, 56.

LE NOUVEAU
SYLLABAIRE.

LECTURE PRÉPARATOIRE.

Nota. — Le Syllabaire proprement dit, tableau contenant les syllabes détachées, est imprimé sur une grande feuille à part. Quant au guide de la méthode, on le trouvera dans le petit livret à l'usage particulier des élèves.

1.— ami santé melon poche pantin bouchon figue lapin démon moulin savon ruban mouche dame robe midi route joli poule serin soupe mouton bouche malin bague.

2.— vérité boutique malade numéro vigneron madame peloton maquignon salade légume démoli chaperon déchiré relique charité baraque labouré galoche dureté fatigue éperon signalé qualité vétéran parole.

3.—olive amadou sérénade romarin chaloupe échelon bijou modèle amande lion pipe violon gazon roche rivière revenu zéro taché potiron modéré dignité rame solitude acheté baron.

4. — débile gala figue obole pacha nature zélé velouté rejeton quotité témérité déduire poétique lobe inféodé figuré dépoli élite rade maturité doute aromate épanché échevin légué.

5. — rire pilule bonde poli rive mobilité sole charade étude féodalité matin ratifié timide vipère saleté arène pepin loque bidon élan sèche rave régule matière déchirure.

6. — séparé touché gare lévite modelé délimité étique bouché polémique ligne fiole évalué avide reliure monture aquilon solipède baladin lire timoré déroulé rogné bariolé batave amélioré.

7. — politique rapidité dogue salué viatique ténuité jeton chimérique folio débilité équité férule pape luire béatitude redemandé magnétique rude muré jugulé étoupe doré tiare gagné vivifié.

8. — pèlerin limite redoute suave débité robin tamarin satire parade achevé duègne galon chaque foule tapé émule volubilité langue ba-

rigoule météore ligue redire douche alibi fi-
lière.

9. —— butin étui dévoué. nubilité rime suivi
gouache chipoté fève moralité délétère bara-
gouin nomade rature épidémique fatalité sali-
que jubé salon vote taquin pédale vénéré apo-
logue variété.

10. —— soutenu monture daté boutade aride
évoqué fioriture chuchoté dure nié roulade
soupape timon goujon réparé juin lumière ma-
rin fidélité parachute sapin rigole duo ajouté
chapon.

11. —— maritime parabole notabilité roman
foulon site guigne imité joute vigne tué aro-
matique topique azuré farouche douze vogue
burin digue chute suite épique navire juron
mule.

12. —— suavité délégué chapelure gaze futilité
joujou qualifié relire égalité bougon diabolique
piéton notoriété volume utilité tabatière biche
liquide élu salarié riche modifié luron fatalité choqué.

13. —— juvénile soliloque rejeté vitalité avili

bédouin néologue opéra épilogue péché babiole dague ébène fade gabare idéologue jalon mérite naguère pagode obéré racheté toléré utile zodiaque.

14. — aboli bilan diète chimère fétide guéridon lutin mare mutilé oratorio tapin validité zèle sérénité venu déniché ténia vénalité aliéné devenu bagne débilité divan épi gazé.

15. — règne salière régularité sévère tiède bouquin éduqué fiche latin famélique atome arabe bobèche date liquidité motivé père rotin sondé vérifié aridité bitume fatigué déchu amabilité.

16. — dérouté dorique étape familiarité légalité peluche relégué rachitique soulevé tenu édile fédéré loupe avare bègue azote dualité divin équivoque fougue goulu juré lévitique moule afin.

17. — rotule sévérité tibia vite égaré faquin pioche avoué adoré badin débile douzième évadé futé galopade litière médire noté ratafia vélin bile été fidèle rechute boulé.

18. — défi dorure échalote favori guère mou-

cheté, magnifique pédagogue redouté ruche
souche timidité livide varié arête piété béguin
élire bouture devin délire chimique galiote ita-
lique majorité.

19. —— réduire nota parabolique rémoulade
ravin sale sourire tacheté vivipare émérite fé-
lon limon donjon étuve fonte guide jubilé la-
titude mèche nudité manchon période refonte
sapajou solide.

20. —— valide vide futile abouti dialogue bou-
lon jujube libéralité mobile mère note révélé
satirique soudure virilité échu fatuité louche
aquilin bouton dupe émétique chiche fagotin
guidon.

21. —— iman juridique moule malignité nuque
patache situé solidarité babouin pelote vide
amidon baroque ovale déité dimanche gabion
ligature morale niche touche paladin remédié
ride séduire.

22. —— solidité tache vague marié paria tiré
diététique époque fuite guidé jeté louve mu-
tin opaque naturalité régale popularité satin

signature tuméfié volatile alun boa député éta-
lon.

23. — charivari foulure guignon moulure
néorama périodique supériorité tirade aviron
boudin démagogue étole dupé fugue guéri la-
vabo dévolu opéré parade quiétude tuile nuire
digne lave maléfique.

24.—mélodique patagon rebouché sève bé-
nin rapide ère loche patelin pilote rognure si-
rène signe poète aligné mari pavé angora équi-
pé météore avidité béni dévoré modique lundi.

---

a b c d — e é è f — g h i j — k l m n —
A B C D — E É È F — G H I J — K L M N —
o p q r — s t u v — x y z
O P Q R — S T U V — X Y Z

a e é è i o u y

Stature buraliste chasteté piston stupide.
Tribu patron montre intrépide métropole.
Broche fabrique délabré bravoure sabre.

Bloqué doublure blanchi sublime table.
Gravure chagrin tigre ingratitude grenade.
Frégate fripon frontière frère safran.
Pratique éprouvé prière lèpre reproche.
Plume diplomate quintuple planté éploré.
Dragon poudre édredon dramatique goudron.
Globe épingle glande glouton ongle.
Basque obélisque mousqueton marasquin musqué.
Spirale dispute disparate jaspé spatule.
Florin biflore gonflé pantoufle réfléchi.
Chèvre livre lèvre sevré fièvre.
Naturaliste baromètre branche publié gratin friture réprimande épluché répondre règle fantasque inspiré flanqué ivre.

Tarif amiral major maladif nul bazar juif fatal jour motif bémol azur natif bal souvenir relatif puéril futur.

Jardin bordure mardi moutarde pardon.
Porte tartare sorti ortolan mortalité.
Jasmin talisman marasme pédantisme numismale.

Murmure charme formule marmite fourmi.
Insulte multitude révolte sultan sépulture.
Arbalète turban fourbe charbon barbare.
Bourgade virgule jargon marguerite orgue.
Tournure garniture borné ornière acharné.
Arche oligarchique porche marché fourche.
Bourse morsure parsemé poursuite torse.
Marqué barque arqué oligarque débarqué.
Charlatan dorloté turlupin parlé mirliton.
Vulgarité divulgué algarade bulgare amalgame.

Tordu parti larme tumulte tourbe fourgon fourni archiduché ourson parqué arlequin rupture parvenu borgne turpitude falsifié subtilité obsédé bulbe abdiqué subjugué bivalve palme rapsode sulfate subvenu baldaquin dogmatique parfumé parjure quatorze adjuré défalqué.

Monstre poltron dartre mordre substitué arbre lorsque malgré pourpre bulgrave.

Jarretière marron chamarré arrondi fourrure.
Salle ballon bulletin ballade distillé.
Mousse brosse palissade fantassin tasse.
Patronne galonné ordonné banni boutonnière.

Littérature flatté botte marmotte jatte.
Bouffon étoffe suffoqué suffire griffon.
Frappé opportun trappe nappe appui.

Phénomène sténographe phare photomètre phaéton.
Chose mesure valise vase rusé.
Nation partialité sédition admiration insatiable.

Ca ce cé cè ci co cu.
Ça — — — — ço çu.

Camarade façade cela célébrité cèdre citron colique façonné cuve reçu.
Critiqué activité miracle écroulé facture.

— gue gué guè gui — —
Ga ge gé gè gi go gu.
Gea — — — — geo geu.

Orangeade genou ingénu indigène rougi rougeole gageure.
Maxime (macsime) luxe taxé fixé vexation.
Exigu (egzigu) exécution exilé exotique exigé.

Lanterne feston vertu chandelle paresse.
Chef amer navet avec chapelet.
Laine faible marraine maison balai.
Peine baleine seize neige reine.
Mes volumes — tes notes — ses tasses — les pa-
roles — des malades — ces balances.
Rocher souper danger boucher oranger.
Jeu bleu feu meublé neutre.
Autorité faute maudire nautique épaule.
Agneau bateau drapeau beauté chapeau.
Paralytique mystère martyre type système.
Crayon (craïon) essuyé payable tuyau
bruyère.
Loi foi poire voiture toile.
Loin foin pointe soin témoin.
Tendre pension vente menton édenté.
Européen vaurien bien soutien méridien.
Bain main pain chapelain souverain.
Teinture peinture feinte étreinte plein.

LECTURE COURANTE.

Les bouquets.

Le petit Gaspard sortit un jour avec Eugène, son voisin, | pour aller cueillir les premières fleurs du printemps. | Ils avaient tous deux à la main leur déjeûner. |

Il se présenta sur la route une pauvre femme, tenant dans ses bras un petit garçon qui paraissait mourir de faim. « Ah! mon cher monsieur, dit-elle à Gaspard, qui marchait le premier, donnez de grâce, à mon pauvre enfant, un morceau de votre pain : il n'a rien mangé depuis hier midi. Oh! j'ai bien faim moi-même, » répondit Gaspard, et il continua sa route en croquant son déjeûner.

Que fit Eugène? Il avait aussi bon appétit que son camarade; mais en voyant pleurer le petit malheureux, il lui donna son pain, et il reçut en échange, de la mère, mille et mille bénédictions que le bon Dieu entendit du haut des cieux.

Ce n'est pas tout. Le petit garçon, fortifié par la nourriture qu'il venait de prendre, se mit à courir devant son bienfaiteur, le mena dans une prairie, et lui aida à cueillir des fleurs dont l'odeur suave le délassait de sa fatigue.

Eugène rentra au logis avec un énorme bouquet, derrière lequel toute sa tête pouvait se cacher; Gaspard, au contraire, n'en avait qu'un si petit, qu'il eut honte de le produire, et qu'il le jeta au pied d'une borne, après avoir perdu toute sa matinée à le cueillir.

Ils sortirent le lendemain dans le même projet. Cette fois-là, un autre enfant fut de la partie; c'était le petit Valentin. Après avoir fait quelques pas dans la prairie, Valentin s'aperçut qu'il avait perdu une boucle de ses souliers, et il pria ses amis de l'aider à la chercher. Gaspard répondit : « Je n'ai pas le temps, » et il continua de courir. Eugène, au contraire, s'arrêta aussitôt pour obliger son ami; il marchait çà et là courbé vers la terre, et tâtonnant dans l'épaisseur de l'herbe. Il eut enfin le bonheur de trouver ce qu'il cherchait, et ils commencèrent à l'envi à cueillir des fleurs.

Les plus belles que Valentin ramassa, il en fit présent à celui qui l'avait aidé dans sa peine, et il n'en donna aucune à celui qui avait refusé durement de le secourir. Eugène eut encore ce jour-là un bouquet bien plus beau que Gaspard, aussi s'en retourna-t-il chez lui fort satisfait, et Gaspard très-mécontent.

Gaspard croyait être plus heureux le troisième jour. Il marchait d'un air insolent, défiant Eugène; mais à peine étaient-ils entrés dans la prairie, | que voici le petit garçon à qui Eugène avait donné son pain qui vient à sa rencontre | et lui présente une corbeille remplie des plus belles fleurs qu'il avait cueillies, | toutes fraîches encore de rosée. |

Gaspard voulut en ramasser quelques unes ; mais le moyen d'en trouver ! | le petit garçon s'était levé plus matin que lui. | Il eut encore moins de fleurs ce jour-là que les deux précédents. |

Comme ils s'en retournaient chez eux, ils rencontrèrent le petit Valentin. | « Mon cher ami, dit-il à Eugène, je n'ai pas oublié que tu me rendis hier un service, | et j'en ai pris tant d'amitié pour toi, que je voudrais être toujours à ton côté. | Mon papa t'aime beaucoup aussi ; | il m'a dit de t'aller chercher, qu'il nous dirait de jolis contes, | et qu'il jouerait lui-même avec nous. | Viens, suis-moi dans notre jardin. | Il y a d'autres enfants qui nous attendent, | et nous chercherons tous ensemble à te bien divertir. » |

Eugène, transporté de joie, prit la main de son ami et le suivit dans son jardin. | Et Gaspard ? il fallut qu'il s'en retournât tristement chez lui : on ne l'avait pas invité.

Il apprit par là ce qu'on gagne à être officieux et secourable envers les autres. | Il ne tarda guère à se corriger, et il serait devenu aussi aimable qu'Eugène, | si celui-ci n'avait toujours mis plus de grâce dans sa manière d'obliger, | par l'habitude qu'il en avait prise dès sa plus tendre enfance.

Le cadeau.

C'est bientôt la fête de mon frère Denis, | disait un jour la petite Victoire à madame de Saint-Marcel, sa mère ; | je ne sais que lui offrir pour bouquet. | Ne pourriez-vous pas me donner quelque chose, maman, pour lui faire un cadeau ? |

MAD. DE SAINT-MARCEL. — Je le pourrais, sans doute, ma fille ; | mais j'aime bien autant lui faire ce cadeau moi-même. | Crois-tu que je goûte moins de plaisir que toi à donner ? | Et puis, fais une petite réflexion : | si je te remets quelque chose pour lui en faire cadeau, | c'est moi qui fais le cadeau, et non pas toi. |

VICTOIRE. — Cela est vrai, maman ; | mais je voudrais pourtant bien avoir quelque présent à lui faire. |

MAD. DE SAINT-MARCEL. — Eh bien! Victoire, voyons; comment faut-il nous y prendre? n'as-tu pas quelque chose à toi? ton petit oranger, par exemple?

VICTOIRE. — Mon oranger, maman, qui me fournit des fleurs pour tous mes bouquets?

MAD. DE SAINT-MARCEL. — Et ton agneau?

VICTOIRE. — O maman! mon agneau, qui me caresse avec tant d'amitié, et qui me suit partout?

MAD. DE SAINT-MARCEL. — Et tes tourterelles?

VICTOIRE. — Vous savez bien que je les ai nourries au sortir de l'œuf; ce sont mes enfants, à moi.

MAD. DE SAINT-MARCEL. — Tu n'as donc rien à donner à ton frère?

VICTOIRE. — Pardonnez-moi, maman.

MAD. DE SAINT-MARCEL. — Et quoi donc?

VICTOIRE. — Vous souvenez-vous de cette bourse à glands et à paillons d'or que ma tante m'a donnée pour mes étrennes? Elle est bien belle au moins!

MAD. DE SAINT-MARCEL. — Cela est vrai. Mais penses-tu que ce présent fût bien agréable à ton frère? il ne peut en faire usage de long-temps! Tu te rappelles bien que toi-même, lorsque tu la reçus, tu la serras dans le fond d'un tiroir, pour ne l'en retirer qu'au bout de quelques années.

VICTOIRE. — Mais, maman, c'est toujours un joli cadeau.

MAD. DE SAINT-MARCEL. — Non, ma fille; un joli cadeau, c'est lorsque nous donnons par amitié une chose qui nous fait plaisir à nous-mêmes, et qui doit faire aussi plaisir à celui à qui nous la donnons.

VICTOIRE. — Faut-il donc que je donne à mon frère tout ce que j'aime?

MAD. DE SAINT-MARCEL. — Non; tu peux donner autant ou si peu que tu veux, pourvu que tu y mettes de l'amitié ou de la grâce. VICTOIRE *réfléchit pendant quelques moments, et elle dit:* Eh bien! je cueillerai, pour le bouquet de mon frère, les plus jolies fleurs de mon oranger, et je lui ferai présent de mon agneau.

MAD. DE SAINT-MARCEL. Fort bien, Victoire; voilà qui annonce de l'amitié.

VICTOIRE. — Ce n'est pas tout, maman. Je veux, tous ces jours-ci, sortir avec mon frère, | pour que mon agneau s'accoutume à le suivre comme moi. | De cette manière, l'agneau sera déjà familier avec lui quand je le lui donnerai, | et mon frère ne l'en caressera qu'avec plus de plaisir. |

MAD. DE SAINT-MARCEL. — Embrasse-moi, ma fille : | cette attention délicate double le prix de ton présent ; | c'est ainsi que la moindre bagatelle devient un objet précieux | lorsqu'elle est donnée avec grâce. | Tu ne pouvais nous causer une plus grande joie à moi et à ton frère. |

Ni à moi-même non plus, répondit Victoire avec vivacité. | — Tu t'en réjouiras encore davantage quand le jour sera venu, reprit madame de Saint-Marcel ; | car il faut bien que je sois pour quelque chose dans la fête, | je veux que tu fasses pour moi les honneurs d'une petite collation | qu'on servira dans le jardin à ton frère et à ses meilleurs amis. |

Victoire baisa avec transport la main de sa maman, | et de ce pas elle courut faire des rosettes d'un joli ruban rose, | pour en parer l'agneau le jour qu'elle le présenterait à son frère. |

Les cerises.

JULIE et FIRMIN obtinrent un jour de madame Dumesnil, leur maman, | la permission d'aller jouer seuls dans le jardin. | Ils avaient mérité cette confiance par leur réserve et par leur discrétion. |

Ils jouèrent pendant quelque temps avec cette gaîté paisible | à laquelle il est si facile de connaître les enfants bien élevés. |

Contre les murs du jardin étaient palissadés plusieurs arbres | parmi lesquels on distinguait un jeune cerisier qui portait pour la première fois. | Ses fruits se trouvaient en très petite quantité, | mais ils n'en étaient que plus beaux. | Madame Dumesnil n'en avait pas voulu cueillir, quoiqu'ils fussent déjà mûrs ; | elle les réservait pour le retour de son mari, | qui devait ce jour même arriver d'un long voyage. |

Comme ses enfants étaient accoutumés à l'obéissance, | et qu'elle leur avait sévèrement défendu, une fois pour toutes, | de cueillir d'aucune espèce de fruits du jardin, | ou de ramasser même ceux qu'ils trouveraient à terre pour les manger sans sa permission, elle avait cru inutile de leur parler du cerisier. |

Lorsque Julie et Firmin se furent assez exercés à la course sur la terrasse, | ils se promenèrent lentement le long des murs du verger. | Ils regardaient les beaux fruits suspendus aux arbres, et s'en réjouissaient. |

Ils arrivèrent bientôt devant le cerisier. | Une légère secousse de vent avait fait tomber à ses pieds toutes ses plus belles cerises. | Firmin fut le premier à les voir; il les ramassa, mangea les unes et donna les autres à sa sœur, qui les mangea aussi. | Ils en avaient encore les noyaux dans la bouche | lorsque Julie se rappela la défense que leur avait faite leur maman, | de ne manger d'autres fruits que ceux qu'on leur donnait. |

« Ah! mon frère, s'écria-t-elle, nous avons été désobéissants, | et maman se fâchera contre nous! qu'allons-nous faire? |

FIRMIN. — Maman n'en saura rien, si nous voulons. |

JULIE. — Non, non, il faut qu'elle le sache. | Tu sais qu'elle nous pardonne souvent les plus grandes fautes, lorsque nous allons les lui avouer de nous-mêmes. |

FIRMIN. — Oui, mais nous avons été désobéissants, | et jamais elle n'a pardonné la désobéissance. |

JULIE. — Lorsqu'elle nous punit, c'est par tendresse pour nous, | et alors il ne nous arrive plus de sitôt d'oublier ce qui nous est permis et ce qui nous est défendu. |

FIRMIN. — Oui, ma sœur; mais elle est toujours fâchée de nous punir, | et cela me ferait de la peine de la voir fâchée. |

JULIE. — Et à moi aussi. Mais ne le sera-t-elle pas encore davantage | si elle vient à découvrir que nous avons voulu lui cacher notre faute? | Oserons-nous la regarder en face lorsque nous entendrons un reproche secret dans notre cœur? | Ne rougirons-nous point lorsqu'elle nous caressera, | lorsqu'elle nous appellera ses enfants, et que nous ne le mériterons plus? |

FIRMIN. — Ah! ma sœur, que nous serions de petits monstres! Allons, allons la trouver et lui dire ce qui nous est arrivé. »

Ils s'embrassèrent l'un l'autre, et ils allèrent trouver leur maman en se tenant par la main. | Ma chère maman, dit Julie, nous venons de vous désobéir; | nous avions oublié vos défenses. | Punissez-nous comme nous l'avons mérité, | mais ne vous mettez point en colère; | nous aurions de la peine si cela vous donnait du chagrin. |

Julie alors lui raconta la chose comme elle s'était passée, et sans chercher à s'excuser. | Madame Dumesnil fut si touchée de la candeur de ses enfants, | qu'il lui en échappa des larmes de tendresse ; | elle ne voulut les punir de leur faute qu'en leur en accordant le généreux pardon. | Elle savait bien que, sur des enfants nés avec une belle âme, | le souvenir des bontés d'une mère fait une impression plus profonde que celui de ses châtiments. |

La petite fille grognon.

O vous, enfants qui avez eu le malheur de contracter une habitude vicieuse, | c'est pour votre consolation et pour votre encouragement que je vais raconter l'histoire suivante. | Vous y verrez qu'il est possible de se corriger lorsqu'on en prend au fond de son cœur la courageuse résolution. |

Rosalie, jusqu'à sa septième année, avait été la joie de ses parents. | A cet âge, où la lumière naissante de la raison commence à nous découvrir la laideur de nos défauts, | elle en avait pris un, au contraire, qu'on ne peut mieux vous peindre qu'en vous rappelant ces petits chiens hargneux qui grognent sans cesse | et qui semblent toujours prêts à se jeter sur vos jambes pour les déchirer. |

Si l'on touchait par mégarde à quelqu'un de ses joujoux, | elle vous regardait de travers et murmurait un quart d'heure entre ses dents. |

Lui faisait-on quelque léger reproche, elle se levait, | trépignait des pieds, renversait les chaises et les fauteuils. |

Son père, sa mère, personne dans la maison ne pouvait la souffrir. |

Il est bien vrai qu'elle se repentait quelquefois de ses fautes ; | elle répandait même souvent des larmes secrètes, | en se voyant devenue un objet d'aversion pour tout le monde, jusqu'à ses parents ; | mais l'habitude l'emportait bientôt, et son humeur devenait de jour en jour plus acariâtre. |

Un soir (c'était la veille du jour des étrennes), elle vit sa mère qui passait dans son appartement en portant une corbeille sous sa pelisse. |

Rosalie voulait la suivre ; madame de Fougères lui ordonna de rentrer dans le salon. | Elle prit à ce sujet la mine la plus grogneuse qu'elle eût jamais eue, | et ferma la porte si rudement, qu'on entendit craquer tous les vitrages des croisées. |

Une demi-heure après, sa mère lui fit dire de passer chez elle. | Quelle fut sa surprise de voir la chambre éclairée de vingt bougies, | et la table couverte des joujoux les plus brillants ! | Elle ne put proférer une parole, transportée comme elle l'était de joie et d'admiration. |

« Approche, Rosalie, lui dit sa mère, et lis sur ce papier pour qui toutes ces choses sont destinées. » |

Rosalie s'approcha et vit au milieu de ces joujoux un billet ouvert ; | elle le prit et y lut en grosses lettres les mots suivants : |

POUR UNE AIMABLE PETITE FILLE, EN RÉCOMPENSE DE SA DOUCEUR. |

Elle baissa les yeux et ne dit mot. |

« Eh bien ! Rosalie, à qui cela est-il destiné ? lui dit sa mère. — Ce n'est pas à moi, répondit Rosalie. » Et les larmes lui vinrent aux yeux. |

« Voici encore un autre billet, reprit madame de Fougères ; | vois s'il ne serait pas question de toi dans celui-ci. » |

Rosalie prit le billet et lut : |

POUR UNE PETITE FILLE GROGNON, QUI RECONNAIT SES DÉFAUTS, | ET QUI, EN COMMENÇANT UNE NOUVELLE ANNÉE, VA TRAVAILLER A S'EN CORRIGER. |

« Oh ! c'est moi, c'est moi ! » s'écria-t-elle en se jetant dans les bras de sa mère et en pleurant amèrement. |

Madame de Fougères versa aussi des larmes, | moitié de chagrin sur les défauts de sa fille, | et moitié de joie sur le repentir qu'elle en témoignait. |

« Allons, lui dit-elle après un moment de silence, | prends donc ce qui t'appartient, et que Dieu, qui a entendu ta résolution, | te donne la force de l'exécuter. |

— Non, ma chère maman, répondit Rosalie, tout cela n'appartient qu'à la personne du premier billet. | Gardez-le-moi jusqu'à

ce que je sois cette personne. | C'est vous qui me direz quand je
le serai devenue. » |

Cette réponse fit beaucoup de plaisir à madame de Fougères. |
Elle rassembla aussitôt les joujoux, | les mit dans une commode
et en présenta la clé à Rosalie, en lui disant : | « Tiens, ma chère
fille, tu ouvriras la commode | quand tu jugeras toi-même qu'il
en sera temps. » |

Il s'était déjà écoulé près de six semaines | sans que Rosalie ait
eu le moindre accès d'humeur. |

Elle se jeta un jour au cou de sa mère, et lui dit d'une voix
étouffée : | « Ouvrirai-je la commode, maman ? — Oui, ma fille,
tu peux l'ouvrir, | lui répondit madame de Fougères en la ser-
rant tendrement dans ses bras. | Mais, dis-moi donc, comment as-tu
fait pour vaincre ainsi ton caractère ? | — Je m'en suis occupée
sans cesse, lui répliqua Rosalie. | Il m'en a bien coûté; mais tous les
matins et tous les soirs, | cent fois dans la journée, | je priais
Dieu de soutenir mon courage. » |

Madame de Fougères répandit les plus douces larmes. | Rosalie
se mit en possession des joujoux, | et, bientôt après, des cœurs de
tous ses amis. |

Sa mère raconta cet heureux changement | en présence d'une
petite fille qui avait le même défaut. | Celle-ci en fut si frappée, |
qu'elle prit sur-le-champ la résolution d'imiter Rosalie, | pour de-
venir aimable comme elle. |

Ce projet eut le même succès. | Ainsi, Rosalie ne fut pas seule-
ment plus heureuse pour elle-même; | elle rendit aussi heureux
tous ceux qui voulurent profiter de son exemple. |
Quel enfant bien né ne voudrait pas jouir de cette gloire et de
ce bonheur ? |

Le contre-temps utile.

Dans une belle matinée du mois de juin, | Alexis se disposait à
partir avec son père | pour une partie de plaisir qui, depuis quinze
jours, | était l'objet de toutes ses pensées. | Il s'était levé de très-
bonne heure, contre son ordinaire, | pour hâter les préparatifs de
l'expédition. | Enfin, au moment où il croyait avoir atteint le terme
de ses espérances, | le ciel s'obscurcit tout-à-coup, les nuages s'en-

tassèrent, | un vent orageux courbait les arbres et soulevait la pous
sière en tourbillons. | Alexis descendait à chaque instant dans le
jardin pour observer l'état du ciel, | puis il remontait les degrés
trois à trois pour consulter le baromètre; | le ciel et le baromètre
s'accordaient à parler contre lui. | Cependant il ne craignait point
de rassurer son père, | et de lui protester que toutes ces appa-
rences fâcheuses allaient se dissiper en un clin d'œil, | qu'il ferait
même bientôt le plus beau temps du monde, | et il conclut qu'il
fallait partir tout de suite pour en profiter. |

M. de Ponval, qui n'avait pas une confiance aveugle dans les
pronostics de son fils, | crut qu'il était plus sage d'attendre en-
core. | Au même instant les nues crevèrent, | et une pluie impé-
tueuse fondit sur la terre. | Alexis, doublement confondu, se mit à
pleurer | et refusa obstinément toute consolation. |

La pluie continua jusqu'à trois heures de l'après-midi. | Enfin
les nuages se dissipèrent, | le soleil reprit son éclat, le ciel sa
sérénité, | et toute la nature respirait la fraîcheur du printemps. |
L'humeur d'Alexis s'était par degrés éclaircie comme l'horizon. | Son
père le mena dans les champs, | et le calme des airs, le ramage
des oiseaux, | la verdure des prairies, les doux parfums qui s'exha-
laient autour de lui, | achevèrent de ramener la paix et la joie
dans son cœur. |

« Ne remarques-tu pas, lui dit son père, la révolution délicieuse
qui vient de s'opérer dans toute la création ? | Rappelle-toi les
tristes images qui affligeaient hier nos regards : | la terre crevassée
par une longue sécheresse, | les fleurs décolorées et penchant leurs
têtes languissantes, | toute la végétation qui semblait décroître. | A
quoi devons-nous attribuer le rajeunissement soudain de la na-
ture ? | — A la pluie qui vient de tomber aujourd'hui, répondit
Alexis. » | L'injustice de ses plaintes et la folie de sa conduite le
frappaient vivement en prononçant ces mots. | Il rougit, et son père
jugea qu'il suffisait de ses propres réflexions | pour lui apprendre
une autre fois à sacrifier, sans regret, | un plaisir personnel au
bien général de l'humanité. |

Papillon! joli papillon!

PAPILLON, joli papillon ! viens te poser sur cette fleur que je tiens dans ma main. |

Où vas-tu, petit étourdi ? Ne vois-tu pas cet oiseau gourmand qui te guette ? | Il vient d'aiguiser son bec, et il l'ouvre déjà tout prêt à t'avaler. | Viens, viens ici, il aura peur de moi, et il n'osera t'approcher. |

Papillon, joli papillon ! viens te poser sur cette fleur que je tiens dans ma main. |

Je ne veux point t'arracher les ailes, ni te tourmenter ; | non, non, tu es petit et faible, ainsi que moi. | Je ne veux que te voir de plus près ; | je veux voir ta petite tête, ton long corsage | et tes grandes ailes bigarrées de mille et mille couleurs. |

Papillon, joli papillon ! viens te poser sur cette fleur que je tiens dans ma main. |

Je ne te garderai pas long-temps : je sais que tu n'as pas long-temps à vivre. | A la fin de cet été, tu ne seras plus, et moi, je n'aurai alors que six ans. |

Papillon, joli papillon ! viens te poser sur cette fleur que je tiens dans ma main. |

Tu n'as pas un moment à perdre pour jouir de la vie. | Tu pourras prendre ta nourriture tandis que je te regarderai. |

Papillon, joli papillon ! viens te poser sur cette fleur que je tiens dans la main. |

Denise et Antonin.

C'ÉTAIT un beau jour d'été ; | M. de Valbonne devait aller se promener dans un joli jardin aux portes de la ville, avec ses deux enfants, Denise et Antonin. | Il passa dans sa garde-robe pour s'habiller, | et les deux enfants restèrent dans le salon. |

Antonin, transporté du plaisir qu'il se promettait de sa promenade, | en courant étourdiment çà et là, | heurta du pan de son habit une fleur rare et précieuse | que son père cultivait avec des soins infinis, | et qu'il avait malheureusement ôtée de dessus la fenêtre, | pour la préserver de l'ardeur du soleil. |

O mon frère, qu'as-tu fait ? lui dit Denise | en ramassant la fleur qui s'était séparée de sa tige. |

Elle la tenait encore à la main lorsque son père, | ayant fini de s'habiller, rentra dans le salon. |

Comment, Denise, lui dit M. de Valbonne avec un mouvement de colère, | tu cueilles une fleur que tu m'as vu prendre tant de peine à cultiver pour en avoir la graine ? |

Mon cher papa, lui répondit Denise toute tremblante, ne vous fâchez pas, je vous prie. |

Je ne me fâche point, répondit M. de Valbonne en se calmant ; | mais comme tu pourrais avoir aussi la fantaisie de cueillir des fleurs dans le jardin où je vais, | et qui ne m'appartient pas, | tu ne trouveras pas mauvais que je te laisse à la maison. |

Denise baissa les yeux et se tut. | Antonin ne put garder plus long-temps le silence. | Il s'approcha de son père, les yeux mouillés de larmes, et lui dit : |

Ce n'est pas ma sœur, mon papa, c'est moi qui ai arraché cette fleur. | Ainsi c'est à moi de rester à la maison. | Menez ma sœur avec vous. |

M. de Valbonne, touché de l'ingénuité de ses enfants | et de la tendresse qu'ils montraient l'un pour l'autre, | les embrassa et leur dit : Vous êtes tous deux mes bien-aimés, | et vous viendrez tous deux avec moi. |

Denise et Antonin firent un bond de joie. | Ils allèrent se promener dans le jardin, | où on leur montra les plantes les plus curieuses. | M. de Valbonne vit avec plaisir Denise presser de ses mains les deux côtés de ses jupons, | et Antonin relever les pans de son habit sous chacun de ses bras, | de peur de causer quelque dommage en se promenant entre les plates-bandes. |

La fleur qu'il avait perdue lui aurait causé sans doute beaucoup de plaisir ; | mais il en goûta bien davantage en voyant fleurir dans ses enfants | l'amitié fraternelle, la candeur et la prudence.

Le ramoneur.

Une servante imbécile avait farci l'esprit des enfants de ses maîtres | de mille contes ridicules sur un homme à tête noire. |

Angélique, l'une de ces enfants, vit un jour pour la première fois un ramoneur entrer dans la maison. | Elle poussa un grand cri et courut se réfugier dans la cuisine. | A peine s'y fut-elle cachée que l'homme noir y entra sur ses pas. |

Saisie d'une mortelle frayeur, elle se sauve par une autre porte dans l'office, | et, toute tremblante, se tapit dans un coin. | Elle n'était pas encore entièrement revenue à elle-même | lorsqu'elle entendit l'homme effrayant chanter d'une voix tonnante, | en raclant à grand bruit les pierres de l'intérieur de la cheminée. |

Dans un nouvel effroi, elle s'élance de l'endroit où elle s'était cachée, | et sautant par une fenêtre basse dans le jardin, | elle court à perte d'haleine vers le fond du bosquet, | et tombe presque sans mouvement au pied d'un gros arbre. | Là, d'un œil effaré, elle n'osait qu'à peine regarder autour d'elle ; | elle vit encore s'élever l'homme noir. |

Alors elle se mit à crier de toutes ses forces : | Au secours ! au secours ! | Son père accourut et lui demanda ce qu'elle avait à crier. | Angélique, sans avoir la force d'articuler un seul mot, | lui montra du bout du doigt l'homme noir assis à califourchon sur la cheminée. |

Son père sourit, et pour prouver à la petite fille combien peu elle avait eu raison de s'effrayer, | il attendit que le ramoneur fût descendu, | puis il le fit débarbouiller en sa présence, et, sans autres explications, | il lui montra d'un autre côté son perruquier qui avait le visage tout blanc de poudre. |

Angélique rougit, et son père profita de cette occasion pour lui apprendre | qu'il existe réellement des hommes à qui la nature donne un visage tout noir, | mais qui ne sont point à craindre pour les enfants ; | qu'il y a même un pays où les enfants sont communément nourris par des femmes noires comme du jais, | sans que leur teint perde de sa blancheur. |

Dès ce moment, Angélique fut la première à rire de tous les contes bizarres | que des personnes simples et crédules lui faisaient pour l'effrayer. |

Castor et Pollux.

M. de Sainval élevait deux jeunes chiens qu'il avait appelés Castor et Pollux | dans l'espérance qu'ils s'aimeraient l'un l'autre comme les deux héros célèbres dont ils portaient les noms. | Mais, quoiqu'ils fussent nés de la même mère, | qu'ils eussent toujours été nourris ensemble et traités avec une égalité parfaite, | ils ne tardèrent pas à manifester un caractère bien opposé. |

Castor était doux, affable, docile ; | Pollux, mutin, hargneux et querelleur. |

Castor bondissait de joie lorsqu'on lui faisait des caresses ; | mais il ne trouvait pas mauvais qu'on caressât aussi son frère. | Pollux, même quand M. de Sainval le tenait sur ses genoux, | trouvait encore à grogner qu'il adressât un sourire à Castor, | ou qu'il lui fît le signe le plus léger d'amitié. |

Lorsque les amis de M. de Sainval se faisaient suivre de leurs chiens, en lui rendant visite, | Castor allait les joindre et cherchait à s'amuser avec eux. | Comme il était d'un naturel souple et liant, et qu'il avait les manières très prévenantes, | ses camarades se trouvaient tout de suite à leur aise avec lui. | On les voyait jouer et caracoler ensemble, | comme s'ils eussent été amis depuis long-temps. | Le généreux Castor semblait chercher à faire briller leur grâce et leur légèreté, | pour leur procurer quelques amitiés de son maître et les rendre agréables à ses yeux. |

Que faisait Pollux pendant tout ce temps ? | Il se tenait dans un coin d'où il ne cessait d'aboyer contre les étrangers. | Quelqu'un d'eux, par malheur, l'approchait-il de trop près, | il lui montrait les dents, et souvent lui mordait la queue et les oreilles. | S'il voyait M. de Sainval en caresser un pour sa gentillesse, | il poussait des cris effroyables, comme si la maison eût été au pillage. |

M. de Sainval avait remarqué dans Pollux ce caractère odieux, | et il commençait déjà à ne plus l'aimer. | Castor, en revanche, gagnait tous les jours quelque chose dans son affection. |

Un jour qu'il était à table, il résolut de les éprouver d'une manière encore plus décidée qu'il n'avait fait jusqu'alors. |

Les deux frères étaient auprès de lui ; | Pollux était le plus avancé, parce que l'honnête Castor, | pour éviter les querelles, se faisait un plaisir de lui céder le pas. | M. de Sainval donna à Pollux un morceau de viande succulent, | qu'il se mit tout de suite à manger. | Castor n'en parut point mécontent, | et il attendait sans murmure que son tour arrivât. | Son maître ne lui jeta qu'un os décharné; | il le reçut d'un air satisfait; | mais à peine Pollux eut-il aperçu que son frère avait eu aussi sa part, | quoique bien inférieure à la sienne, | qu'il rejeta avec indignation le morceau qu'il tenait à la gueule, | et se jeta sur lui pour lui arracher le sien. | Castor ne lui opposa point de résistance, | et imaginant que son os flattait peut-être davantage le goût capricieux de son frère, | il se fit une joie de le lui céder. |

N'allez pas croire, mes amis, que cette condescendance de la part de Castor | fût un effet de sa faiblesse ou de sa pusillanimité. | Il avait fait ses preuves de force et de courage | dans une occasion où son frère s'était exposé, par ses grogneries, à l'acharnement d'un dogue du quartier. | Pollux, après avoir provoqué le combat, avait pris lâchement la fuite; | Castor, quoique resté seul, le soutint en héros, | et il eut la gloire de mettre en déroute son ennemi. |

M. de Sainval savait cette anecdote; | ainsi le caractère de Castor étant déjà bien établi dans son esprit, il l'appela, | lui fit prendre le morceau choisi qu'il avait jeté à Pollux | et que celui-ci avait négligé, et il dit : | « Castor, mon brave chien, il est juste que tu aies la portion de ton frère, | puisqu'il t'a enlevé la tienne. » |

Pollux le regardait en grognant. M. de Sainval ajouta: | « Puisque tu as été complaisant et généreux envers celui qui ne te montrait qu'une jalouse envie, | tu seras désormais mon chien d'appartement, | et ton frère ne sera qu'un chien de basse-cour. | Allons, qu'on mette Pollux à la chaîne et qu'on lui construise un chenil. » |

Pollux fut enchaîné dans la basse-cour, | et Castor eut ses allées franches dans tous les appartements. |

Pollux eût peut-être joui insolemment de sa faveur, | s'il avait obtenu l'avantage dans le jugement de M. de Sainval; | mais le bon cœur de Castor saignait de la disgrâce de son frère, | et il chercha tous les moyens de lui en adoucir les amertumes. | Lorsqu'on lui donnait un morceau friand, | il le prenait avec soin dans sa gueule et le portait à Pollux; | il frétillait de la queue pour l'inviter à s'en régaler. | La nuit, il allait le trouver dans son chenil pour le distraire de ses peines | et réchauffer ses membres engourdis par le froid. |

Mais l'envieux Pollux, loin d'être sensible à des attentions si tendres et si délicates, | ne le recevait qu'avec des hurlements et des morsures. | Bientôt la rage alluma son sang, | ulcéra son cœur et dessécha ses entrailles; | il mourut en désespéré. |

O vous, enfants! s'il en était quelqu'un du caractère affreux de Pollux, | voyez le sort qui vous menace; | une vie pleine d'humiliations et de chagrins, | suivie d'une mort cruelle. |

Le cep de vigne.

M. de Surgy était allé se promener à sa maison de campagne, avec Julien son fils, | dans l'un des premiers jours du printemps. | Déjà fleurissaient la violette et la primevère, | et plusieurs arbres s'étaient déjà parés d'une verdure naissante et de fleurs blanches et incarnates. | Ils allèrent par hasard sous une treille du pied de laquelle s'élevait un cep de vigne rude et tortu, | qui étendait tristement et sans ordre ses bras dépouillés. | « Mon papa! s'écria Julien, voyez ce vilain arbre qui me fait les cornes; | pourquoi ne pas l'arracher et en chauffer le four de Mathurin? » | Et aussitôt il se mit à le tirailler pour l'enlever de terre; | mais ses racines l'y tenaient trop fortement attaché. | « Ne le tourmente pas, dit à son fils M. de Surgy, je veux qu'il reste sur pied; | quand il en sera temps, je te dirai mes raisons. |

JULIEN. — Mais, mon papa, voyez à côté ces fleurs brillantes des amandiers et des pêchers. | Pourquoi ne s'est-il pas aussi bien paré s'il veut qu'on le regarde? | il gâte et attriste tout le jardin. | Voulez-vous que j'aille dire à Mathurin de venir l'arracher? |

M. DE SURGY. — Non, te dis-je, mon fils, | je veux qu'il reste sur pied au moins quelque temps encore. » |

Julien persistait à le condamner; | son père tâcha de détourner son attention sur d'autres objets, | et le malheureux cep de vigne fut oublié. |

Les affaires de M. de Surgy l'appelaient dans une ville éloignée; | il partit le lendemain et ne revint qu'au commencement de l'automne. |

Son premier soin fut d'aller visiter sa maison de campagne; | il y mena encore son fils. Le soleil était fort chaud; | ils allèrent se mettre à l'abri sous la treille. |

« Ah ! mon papa, dit Julien, quelle belle verdure ! | Je vous re-
mercie d'avoir fait arracher ce vilain bois desséché | qui me faisait
tant de peine à voir ce printemps, | et d'avoir mis à sa place ce
charmant arbrisseau | pour me causer une agréable surprise. | Quels
fruits ravissants ! Voyez ces belles grappes, | les unes violettes, les
autres toutes noires. | Il n'y a pas un seul arbre dans tout le
jardin qui fasse une aussi belle figure : | ils ont perdu tout leur
fruit ; mais lui, voyez comme il en est couvert ; | voyez ces
grandes feuilles vertes sous lesquelles se cache le raisin. | Je vou-
drais bien savoir s'il est aussi bon qu'il me paraît beau. » | M. de
Surgy lui en donna une grappe à goûter ; c'était du muscat. | Ses
transports recommencèrent, | et combien ils furent plus vifs lorsque
son père lui apprit | que c'était de ces grains qu'on exprimait la
liqueur délicieuse dont il goûtait quelquefois au dessert ! |

« Te voilà tout étonné, mon fils, lui dit M. de Surgy ; | je te
surprendrais bien davantage si je te disais que c'est là cet arbre
rude et tortu | qui te faisait les cornes au printemps. | Je vais, si
tu veux, appeler Mathurin, | et lui dire de l'arracher pour en
chauffer son four. |

JULIEN. — Oh ! gardez-vous-en en bien, mon papa ; | qu'il prenne
tous les autres plutôt que celui-ci : j'aime tant le muscat ! |

M. DE SURGY. — Tu vois donc, Julien, que j'ai bien fait de
n'avoir pas suivi ton conseil. | Ce qui t'est arrivé arrive souvent
dans la vie. | On voit un enfant mal vêtu et d'un extérieur peu
agréable ; | on le méprise ; on s'enorgueillit en se comparant à lui ; |
on pousse même la cruauté jusqu'à lui tenir des discours insul-
tants. | Garde-toi, mon fils, de ces jugements précipités. | Dans ce
corps peu favorisé de la nature réside peut-être une ame élevée | qui
étonnera un jour le monde par ses grandes vertus, | ou qui l'é-
clairera par ses lumières. | C'est une tige grossière, mais qui porte
les plus beaux fruits. » |

La petite babillarde.

LÉONORE était une petite fille pleine d'esprit et de vivacité : | à
l'âge de six ans elle maniait déjà l'aiguille et les ciseaux avec beau-
coup d'adresse, | et toutes les jarretières de ses parents étaient de

sa façon. | Elle savait aussi lire tout couramment dans le premier livre qu'on lui présentait. | Les lettres de son écriture étaient bien formées : | elle n'en mettait pas de grandes, de moyennes et de petites dans le même mot, | les unes penchées en avant, les autres en arrière, | et ses lignes n'allaient point en gambadant du haut de son papier jusqu'en bas, | ainsi que je l'ai vu pratiquer à beaucoup d'autres enfants de son âge. |

Ses parents n'étaient pas moins contents de son obéissance | que ses maîtres ne l'étaient de son application. | Elle vivait dans la plus douce union avec ses sœurs, | traitait les domestiques avec affabilité, | et ses compagnes avec toutes sortes d'égards et de prévenances. | Tous les anciens amis de ses parents, tous les étrangers qui venaient pour la première fois dans la maison | en paraissaient également enchantés. |

Qui croirait qu'avec tant de qualités, de talents et de gentillesse, | on puisse avoir le malheur de se rendre insupportable ? | Tel fut cependant celui de Léonore. |

Un seul défaut qu'elle contracta vint à bout de détruire l'effet de tous ces agréments ; | l'intempérance de sa langue fit bientôt oublier les grâces de son esprit et la bonté de son cœur. | La petite Léonore devint la plus grande babillarde de tout l'univers. | Lorsque, par exemple, elle prenait le matin son ouvrage, | il fallait d'abord qu'elle dît : « | Oh ! oh ! il est bien temps de se mettre en besogne. | Que dirait maman si elle me trouvait les bras croisés ? | O mon Dieu ! le grand morceau que j'ai à coudre ! | Mais, Dieu merci, je ne suis pas manchote, et je saurai bien en venir à bout. | Ah ! voilà l'horloge qui sonne : | une, deux, trois, quatre, cinq, six, sept, huit, neuf heures. | J'ai encore deux heures jusqu'à l'heure de mon clavecin ; | en deux heures on peut expédier bien du travail. | Maman, en récompense, me donnera des bonbons. | Quel plaisir j'aurai à les croquer ! | Je n'aime rien tant que les pralines. | Ce n'est pas que les dragées ne soient aussi fort bonnes ; | mon papa m'en donna l'autre jour ; | mais je crois que les pralines valent encore mieux, | à moins que ce ne soient les dragées. | Ah ! si Dorothée venait aujourd'hui, | je lui ferais voir ma belle garniture. | Elle est assez drôle, cette petite Dorothée, | mais elle aime trop à parler ; | on n'a pas le temps de glisser un mot avec elle. | Où est donc mon dé? Ma sœur, n'as-tu pas vu mon dé? | Il faut que Justine l'ait emporté avec elle. | Elle n'en fait jamais d'autres, cette étourdie! | Sans dé on ne peut pas travailler. | Le cul de l'aiguille vous entre dans le doigt; | le doigt vous saigne; cela fait grand mal; | et puis votre ouvrage est tout sali. | Justine, Justine, où es-tu donc? | N'as-tu pas vu mon dé? | Mais non, le voilà tout embarlificoté dans mon écheveau. » |

C'est ainsi que la petite créature dégoisait impitoyablement toute la journée. | Quand son père et sa mère s'entretenaient ensemble de choses intéressantes, | elle venait étourdiment se jeter à travers leurs discours. | Souvent, à dîner, elle en était encore à la soupe | lorsque les autres avaient presque fini leur repas. | Elle oubliait le boire et le manger pour se livrer à son bavardage. |

Son papa la reprenait plusieurs fois le jour de ce défaut; | les avis et les reproches étaient également inutiles. | Les humiliations ne réussissaient pas mieux. | Comme personne ne pouvait s'entendre auprès d'elle, | on l'envoyait toute seule dans sa chambre. | Aux repas, on prit le parti de la mettre séparément à une petite table, | aussi loin qu'il était possible de la grande. | Léonore était affligée, mais elle ne se corrigeait pas; | elle avait toujours quelque chose à se dire tout bas à elle-même, | quand sa langue ne pouvait s'accrocher à personne. | Plutôt que de rester muette, elle aurait lié conversation avec sa fourchette et son couteau. |

Que gagnait-elle donc à suivre cette malheureuse habitude! | Vous le voyez, mes chers amis, rien que des mortifications et de la haine. | Je vais vous raconter ce qu'elle eut encore un jour à souffrir. |

Ses parents étaient invités par une de leurs amies | à venir passer quelques jours à sa maison de campagne. | C'était dans l'automne; le temps était superbe, | et il n'est guère possible de se représenter l'abondance qu'il y avait, cette année, | de pommes, de poires, de pêches et de raisins. |

Léonore s'était figuré qu'elle accompagnerait ses parents; | elle fut bien surprise lorsque son père, | ordonnant à ses petites sœurs Julie et Cécile de se préparer, | lui annonça que, pour elle, il fallait qu'elle restât à la maison. | Elle se jeta en pleurant dans les bras de sa mère. | « Ah! ma chère maman, lui dit-elle, | comment ai-je mérité que mon papa soit si fort en colère contre moi? — Ton papa, lui répondit sa maman, n'est pas en colère; mais il est impossible de tenir à ta société. Tu troublerais tous nos plaisirs par ton bavardage continuel.

« — Faut-il donc que je ne parle jamais? reprit Léonore. — Ce défaut, lui répliqua sa mère, serait aussi grand que celui dont nous voulons te guérir. Mais il faut attendre que ton tour vienne, et ne pas couper sans cesse la parole à tes parents et à des personnes plus âgées et plus raisonnables que toi. Il faut aussi t'abstenir de dire tout ce qui te passe par la tête. Lorsque tu veux savoir quelque chose d'utile à ton instruction, il faut le demander nettement et en peu de mots; et si tu as quelque récit à faire, bien réfléchir d'abord en toi-même si tes parents ou ceux qui t'écoutent auront du plaisir à l'entendre. »

Léonore, au défaut de raisons, n'aurait pas manqué de paroles pour se justifier; mais elle entendit son papa qui appelait sa femme, et Julie, et Cécile. La voiture était déjà prête.

Léonore les vit partir en soupirant, et son œil, plein de larmes, suivit la voiture aussi loin que sa vue put s'étendre. Lorsqu'elle ne la vit plus, elle alla s'asseoir dans un coin, et passa une demi-heure à pleurer. « Maudite langue! s'écria-t-elle, c'est de toi que me viennent tous mes chagrins. Va, je prendrai garde que tu ne dises pas, à l'avenir, un mot de plus qu'il ne faut. »

Quelques jours après, ses parents revinrent. Ses sœurs rapportèrent des corbeilles pleines de noix et de raisins. Comme elles avaient le cœur excellent, elles se firent un plaisir de partager avec Léonore; mais Léonore était si rassasiée par sa tristesse, qu'elle ne put pas en goûter. Elle courut à son papa et lui dit : « Ah! mon papa, pardonnez-moi de vous avoir mis dans la nécessité de me punir. Nous en avons trop souffert l'un et l'autre! je ne veux plus être une babillarde. »

Son papa l'embrassa tendrement.

Le lendemain il fut permis à Léonore de se mettre à table avec les autres; elle parla très peu, et tout ce qu'elle dit fut plein de grâce et de modestie. Il est vrai qu'il lui en coûta beaucoup pour retenir sa langue, qui, d'impatience et de démangeaison, roulait çà et là dans sa bouche. Le lendemain cette retenue lui fut moins pénible, | et moins encore les jours suivants. | Peu à peu elle est parvenue à se défaire entièrement de son insupportable babil, | et on la voit aujourd'hui figurer fort joliment dans la société, | sans y porter le trouble et l'ennui. |

Le menteur corrigé par lui-même.

Le petit Gaspard était parvenu à l'âge de six ans | sans qu'il lui fût jamais échappé un mensonge. | Il ne faisait rien de mal; ainsi il n'avait aucune raison de cacher la vérité. | Lorsqu'il lui arrivait quelque malheur, | comme de casser une vitre ou de faire une tache à son habit, | il allait tout de suite l'avouer à son papa; | celui-ci avait la bonté de lui pardonner, | et il se contentait de l'avertir d'être dorénavant plus attentif. |

Un jour, son petit voisin Robert vint le trouver; celui-ci était un fort méchant garçon. | Gaspard, qui voulait amuser son ami, lui proposa de jouer aux dominos; | Robert le voulut bien, mais à condition que chaque partie serait d'une pièce de deux sous. | Gaspard refusa d'abord, parce que son père lui avait défendu de jouer de l'argent. | Enfin li se laissa séduire par les prières de Robert, | et il perdit en un quart d'heure tout l'argent qu'il avait économisé depuis quelques semaines sur ses plaisirs. | Gaspard fut désolé de cette perte; | il se retira dans un coin et se mit lâchement à pleurer. | Robert se moqua de lui et s'en retourna triomphant avec son butin. |

Le père de Gaspard ne tarda pas à revenir. | Comme il aimait beaucoup son fils, il le fit appeler pour l'embrasser. | Que t'est-il donc arrivé en mon absence? | lui dit-il en le voyant accablé de tristesse. |

GASPARD. — C'est le petit Robert, mon voisin, | qui est venu me forcer de jouer avec lui aux dominos. |

M. GASPARD. — Il n'y pas de mal à cela, mon enfant : | c'est un amusement que je t'ai permis. | Mais est-ce que vous avez joué de l'argent? |

GASPARD. — Non, mon papa. |

M. GASPARD. — Pourquoi donc as-tu les yeux rouges?

GASPARD. — C'est que je voulais faire voir à Robert l'argent que j'avais épargné pour m'acheter un livre. | Je l'avais mis, par précaution, derrière la grosse pierre qui est à notre porte. | Quand j'ai voulu le chercher, je ne l'ai pas trouvé. | Quelque passant me l'aura pris. |

Son père soupçonna dans ce récit un peu de mensonge ; | mais il cacha son mécontentement, et il alla aussitôt chez son voisin. | Lorsqu'il aperçut le petit Robert, il affecta de sourire et lui dit : | « Eh bien ! mon enfant, tu as donc été bien heureux aujourd'hui aux dominos ? | — Oui, monsieur, lui répondit Robert, j'ai joué fort heureusement. | — Et combien as-tu gagné à mon fils ? | — Vingt-quatre sous. | Et t'a-t-il payé ? | — Eh mais ! sans doute. Oh ! oui, je ne lui demande plus rien. » |

Quoique Gaspard eût mérité d'être puni sévèrement, | son père voulut bien lui pardonner pour cette première fois. | Il se contenta de lui dire d'un air de mépris : | « Je sais maintenant que j'ai un menteur dans ma maison, | et je vais avertir tout le monde de se défier de ses paroles. » |

Quelques jours après, Gaspard alla voir Robert | et lui fit voir un très beau porte-crayon dont son oncle lui avait fait présent. | Robert en eut envie et chercha tous les moyens de l'avoir. | Il proposa en échange ses balles, sa toupie et ses raquettes ; | mais comme il vit que Gaspard ne voulait s'en défaire à aucun prix, | il enfonça son chapeau sur ses yeux, et dit effrontément : | « Le porte-crayon m'appartient. C'est chez toi que je l'ai perdu, | et peut-être même me l'as-tu dérobé. » | Gaspard eut beau protester que c'était un cadeau de son oncle, | Robert se mit en devoir de le lui arracher ; | et comme Gaspard le tenait fortement dans ses mains, | il lui sauta aux cheveux, le terrassa, lui mit les genoux sur la poitrine, | lui donna des coups de poing dans le visage, | jusqu'à ce que Gaspard lui eût remis le porte-crayon. |

Gaspard rentra chez lui le nez tout sanglant et les cheveux à moitié arrachés. | « Ah ! mon papa, s'écria-t-il d'aussi loin qu'il l'aperçut, venez me venger. | Le méchant petit Robert m'a pris mon porte-crayon | et m'a accommodé comme vous voyez. » |

Mais au lieu de le plaindre, son père lui répondit : | « Va, menteur, tu l'as joué sans doute aux dominos. | C'est toi qui t'es barbouillé le nez de jus de mûres, | et qui as mis ta chevelure en désordre pour m'en imposer. » | En vain Gaspard affirma la vérité de son récit. | « Je ne crois plus, lui dit son père, celui qui m'a trompé une fois. » |

Gaspard, confondu, se retira dans sa chambre, | et déplora amèrement son premier mensonge. | Le lendemain, il alla trouver son père et lui demanda pardon. | « Je reconnais, lui dit-il, combien j'ai eu tort d'avoir cherché une fois à vous en faire accroire. | Cela ne m'arrivera plus de ma vie; | mais ne me faites pas davantage l'affront de vous défier de mes paroles. » |

—Son père m'assurait l'autre jour que, depuis ce moment, | il n'était pas échappé à son fils le mensonge le plus léger, | et que, de son côté, il l'en récompensait par la confiance la plus aveugle. | Il n'exigeait plus de lui ni assurance ni protestation; | c'était assez que Gaspard lui eût dit une chose | pour qu'il s'en tînt aussi sûr que s'il l'avait vue de ses propres yeux. |

Quelle douce satisfaction pour un père honnête | et pour un fils digne de son amitié! |

Les tulipes.

Lucette avait vu, pendant deux étés de suite, dans le jardin de son père, | une planche de tulipes bigarrées des plus belles couleurs; | semblable au papillon léger, elle avait souvent voltigé de fleur en fleur, | uniquement frappée de leur éclat, sans jamais s'occuper de ce qui pouvait les produire. | L'automne dernier, elle vit son père qui s'amusait à bêcher la terre de la plate-bande et y enfonçait des ognons. | « Ah! mon papa, s'écria-t-elle d'une voix plaintive, | que faites-vous? gâter ainsi toute notre planche de tulipes! | et au lieu de ces belles fleurs, y mettre de vilains ognons pour la cuisine! » | Son père lui répondit qu'il savait bien ce qu'il avait à faire, | et il allait lui apprendre que c'était de ces ognons que sortiraient, l'année suivante, des tulipes; | mais Lucette l'interrompit par ses plaintes et ne voulut rien écouter. | Comme son père vit qu'il n'y avait pas moyen de lui faire entendre raison, | il la laissa s'apaiser d'elle-même et continua son travail. |

Toutes les fois que, pendant l'hiver, la conversation tombait sur les fleurs, | Lucette soupirait, et elle pensait en elle-même qu'il

était bien dommage | que son père eût détruit le plus bel orne-
ment de son jardin. |

L'hiver acheva son cours, et le printemps vint balayer de la terre
la neige et les glaçons. |

Lucette n'était pas encore allée au jardin. | Eh! qui pouvait l'y
attirer, puisqu'il ne devait plus lui offrir sa superbe parure? |

Un jour, cependant, elle y entra sans réflexion. | Dieu! quelle
fut sa joie lorsqu'elle vit la planche de tulipes plus belle encore
que l'année précédente! | Elle se jeta dans les bras de son père
en s'écriant : | « Ah! mon papa, que je vous remercie d'avoir
arraché vos tristes ognons, | pour remettre à leur place ces
belles fleurs que j'aime tant! |

— Tu ne me dois pas de reconnaissance, lui répondit son
père, | car ces belles fleurs que tu aimes tant ne sont venues
que de mes tristes ognons. » |

L'opiniâtre Lucette n'en voulait encore rien croire, | lorsque son
père tira de la terre une des plus belles tulipes, | avec l'ognon
d'où sortait la tige, et la lui présenta. |

Lucette, confondue, lui demanda pardon d'avoir été si déraison-
nable. | « Je te pardonne bien volontiers, ma fille, lui répondit
son père | pourvu que tu reconnaisses combien les enfants ris-
quent de se tromper | en voulant juger d'après leur ignorance les
actions des personnes expérimentées. | — Oh! oui, mon papa, ré-
pondit Lucette ; | je ne m'en rapporterai plus dorénavant à mes
propres yeux, | et toutes les fois que je serai tentée de croire en
savoir plus que les autres, | je me souviendrai des tulipes et des
ognons. » |

Le rosier à cent feuilles et le genêt d'Espagne.

« Qui veut me donner un petit arbre pour mon jardin? | disait
un jour Frédéric à ses frères et à sa sœur. | (Leur papa leur
avait cédé à chacun un petit coin de terre pour y travailler.) |
— Ce n'est pas moi, répondit Auguste. | — Ni moi, répondit Ju-
lien. | — C'est moi, c'est moi, répondit Joséphine. Quel est celui
que tu veux? |

— Un rosier! s'écria Frédéric. | Vois-tu le mien, le seul qui me
reste? il est tout jauni. |

— Viens en choisir un toi-même, dit Joséphine. » | Elle conduisit son frère au petit carré qu'elle cultivait, | et lui montrant un beau rosier : | « Tiens, Frédéric, tu n'as qu'à le prendre. |

FRÉDÉRIC. — Comment ! tu n'en as que deux, et c'est le plus beau que tu me donnes? | Non, non, ma sœur; voici le plus petit, c'est précisément celui qu'il me faut. |

JOSÉPHINE. — Quel plaisir aurais-je à te le donner? | il ne te produirait peut-être pas de fleurs cette année. | L'autre en aura, j'en suis sûre; et je puis le voir aussi bien fleurir dans ton jardin que dans le mien. » | Frédéric, transporté de joie, emporta le rosier, | et Joséphine le suivit, plus joyeuse encore que lui. |

Le jardinier avait vu le trait d'amitié de la petite fille ; | il courut tout de suite chercher un beau pied de genêt d'Espagne, | et il le planta dans le jardin de Joséphine, | à la place que venait de quitter son rosier. |

Ceux qui ont un mauvais cœur n'ont pas ordinairement un esprit bien soigneux. | Lorsque le mois de mai arriva, les rosiers d'Auguste et de Julien, négligés dans leur culture, | poussèrent à peine quelques fleurs, | dont la plupart moururent dans le bouton. | Celui de Frédéric, au contraire, cultivé par ses mains et par celles de Joséphine, | porta les plus belles roses à cent feuilles de tout le pays. | Aussi long-temps qu'il fleurit, Frédéric eut chaque jour une rose à donner à sa sœur pour mettre dans son sein, | et une autre pour placer dans ses cheveux. |

Le genêt d'Espagne fleurit aussi très heureusement; | on en respirait l'agréable parfum des deux extrémités du jardin. | Il devint, cette même année, assez haut et assez épais | pour que Joséphine y trouvât de l'ombrage dans la grande chaleur du jour. | Son papa venait quelquefois l'y trouver, | et lui racontait des historiettes qui tantôt la faisaient rire aux éclats, | et tantôt faisaient couler de ses yeux des larmes si douces, | qu'elle se souriait à elle-même un moment après. |

La petite fille à moustaches.

« VEUX-TU bien faire ce que je te dis, Placide? | Mais voyez donc ce petit obstiné! | Allons, monsieur, obéissez quand je vous l'ordonne. » | C'est de ce ton qu'on entendait toute la journée l'altière Camille gourmander son jeune frère. |

A l'en croire, il ne faisait jamais rien que de travers; | tout ce qu'elle pensait, au contraire, lui paraissait un chef-d'œuvre de raison. | Les jeux qu'il lui proposait étaient toujours tristes et ennuyeux; | puis elle les choisissait elle-même le lendemain comme les plus amusants. | Il fallait que son malheureux frère, sous peine d'être vertement tancé, | obéît à tous ses caprices. | S'il osait se permettre la plus légère représentation, | elle prenait aussitôt contre lui ses grands airs, brisait quelquefois ses joujoux, | et le pauvre Placide était obligé de rester seul dans un coin, sans amusement. |

Les parents de Camille avaient essayé plusieurs fois de la corriger de ce défaut. | Sa mère surtout ne cessait de lui représenter qu'on ne parvenait à se faire chérir que par la douceur et par la complaisance; | qu'une petite fille qui prétendait imposer aux autres ses volontés | était la plus insupportable créature de l'univers; | ces sages leçons étaient inutiles. | Déjà son frère, aigri par son arrogance, | commençait à ne plus l'aimer; | toutes ses compagnes fuyaient loin d'elle; | et Camille, au lieu de se corriger, n'en devenait que plus volontaire et plus exigeante. |

Un officier d'un caractère franc, et d'un esprit très raisonnable, dînait un jour chez les parents de la petite fille. | Il entendit de quel air tyrannique elle traitait son frère | et tous les gens de la maison. | Il garda d'abord le silence par politesse, | mais enfin excédé de tant d'impertinences, | « Si j'avais une petite demoiselle comme la vôtre, dit-il à madame de Florigny, | je sais bien madame, ce que j'en ferais. |

— Et quoi donc, monsieur? lui répondit-elle. |

— Je lui donnerais, reprit-il, un habit d'uniforme; | je lui ferais appliquer des moustaches, et j'en ferais un caporal, | pour qu'elle pût satisfaire tout à son aise l'envie qu'elle a de commander. »

Camille demeura confondue. Elle rougit, | et des larmes se répandirent autour de ses paupières. |

Dès ce moment, elle sentit les torts de son humeur impérieuse et résolut de s'épargner les humiliations qu'ils pouvaient lui attirer. | Cette résolution, aidée par les tendres avis de sa maman, eut bientôt le succès le plus heureux. |

Ce changement fut sans doute fort sage de sa part. | Il serait cependant à souhaiter, | pour toutes les petites filles entichées d'un semblable défaut, | qu'elles se laissassent corriger par les douces représentations de leur mère, | plutôt que d'attendre qu'il vînt dîner chez leurs parents un homme raisonnable | pour leur dire en face qu'elles seraient plus propres à faire un caporal rébarbatif, | qu'une douce et gentille demoiselle.

NUMÉRATION.

Chiffres arabes.		Chiffres romains.	Chiffres arabes.		Chiffres romains.
1	Un	I.	24	Vingt-quatre	XXIV.
2	Deux	II.	25	Vingt-cinq	XXV.
3	Trois	III.	26	Vingt-six	XXVI.
4	Quatre	IV.	27	Vingt-sept	XXVII.
5	Cinq	V.	28	Vingt-huit	XXVIII.
6	Six	VI.	29	Vingt-neuf	XXIX.
7	Sept	VII.	30	Trente	XXX.
8	Huit	VIII.	40	Quarante	XL.
9	Neuf	IX.	50	Cinquante	L.
10	Dix	X.	60	Soixante	LX.
11	Onze	XI.	70	Soixante-et-dix	LXX.
12	Douze	XII.	80	Quatre-vingts	LXXX.
13	Treize	XIII.	90	Quatre-vingt-dix	XC.
14	Quatorze	XIV.	100	Cent	C.
15	Quinze	XV.	200	Deux cents	CC.
16	Seize	XVI.	300	Trois cents	CCC.
17	Dix-sept	XVII.	400	Quatre cents	CD.
18	Dix-huit	XVIII.	500	Cinq cents	D.
19	Dix-neuf	XIX.	600	Six cents	DC.
20	Vingt	XX.	700	Sept cents	DCC.
21	Vingt-et-un	XXI.	800	Huit cents	DCCC.
22	Vingt-deux	XXII.	900	Neuf cents	CM.
23	Vingt-trois	XXIII.	1000	Mille	M.

LE NOUVEAU SYLLABAIRE.

a	è	é	i	—	o	ou	u	e	—	an	in	on	un
ba	bè	bé	bi	—	bo	bou	bu	be	—	ban	bin	bon	bun
pa	pè	pé	pi	—	po	pou	pu	pe	—	pan	pin	pon	pun
da	dè	dé	di	—	do	dou	du	de	—	dan	din	don	dun
ta	tè	té	ti	—	to	tou	tu	te	—	tan	tin	ton	tun
ga	guè	gué	gui	—	go	gou	gu	gue	—	gan	guin	gon	gun
qua	què	qué	qui	—	quo	qu'ou	qû	que	—	quan	quin	qu'on	qu'un
ja	jè	jé	ji	—	jo	jou	ju	je	—	jan	jin	jon	jun
cha	chè	ché	chi	—	cho	chou	chu	che	—	chan	chin	chon	chun
za	zè	zé	zi	—	zo	zou	zu	ze	—	zan	zin	zon	zun
sa	sè	sé	si	—	so	sou	su	se	—	san	sin	son	sun
va	vè	vé	vi	—	vo	vou	vu	ve	—	van	vin	von	vun
fa	fè	fé	fi	—	fo	fou	fu	fe	—	fan	fin	fon	fun
gna	gnè	gné	gni	—	gno	gnou	gnu	gne	—	gnan	gnin	gnon	gnun
na	nè	né	ni	—	no	nou	nu	ne	—	nan	nin	non	nun
la	lè	lé	li	—	lo	lou	lu	le	—	lan	lin	lon	lun
ma	mè	mé	mi	—	mo	mou	mu	me	—	man	min	mon	mun
ra	rè	ré	ri	—	ro	rou	ru	re	—	ran	rin	ron	run

(Annexé à la Méthode de Lecture de J.-B. Dessirier.)

9 782019 246594